学校 - sukuu	2
旅行 - akwantuo	5
輸送 - ɛhyɛn	8
都市 - kuropɔn	10
風景 - asaase	14
レストラン - adidibea	17
スーパーマーケット - dwakɛseɛmu	20
飲み物 - nsa	22
食べ物 - aduane	23
農場 - afuo	27
家 - efie	31
リビングルーム - ɛdan a wɔtena mu	33
台所 - gyaade	35
浴室 - adwareɛ	38
子供部屋 - abɔfra dan mu	42
衣服 - ataadeɛ	44
オフィス - ɔfise	49
経済 - sikasem	51
職業 - nnwuma ahodoɔ	53
道具 - akadeɛ	56
楽器 - mfidie a wɔde bɔ nnwom	57
動物園 - mmoakurabea	59
スポーツ - agokansie	62
活動 - dwumadie ahodoɔ	63
家族 - abusua	67
体 - nipadua	68
病院 - asopiti	72
救急 - putupru	76
地球 - Ewiase	77
時計 - mmerɛ kyerɛfoɔ	79
週 - nnawɔtwe	80
年 - afe	81
形 - bɔbea	83
色 - ahosuo	84
反対 - abirabɔ	85
数 - nɔma	88
言語 - kasa ahodoɔ	90
誰 / 何 / どう - hwan/aden/ sɛn	91
どこ - hefa	92

Impressum
Verlag: BABADADA GmbH, Nedderfeld 112 , 22529 Hamburg
Geschäftsführer / Verlagsleitung: Harald Hof
Druck: Books on Demand GmbH, In de Tarpen 42, 22848 Norderstedt

Imprint
Publisher: BABADADA GmbH, Nedderfeld 112 , 22529 Hamburg, Germany
Managing Director / Publishing direction: Harald Hof
Print: Books on Demand GmbH, In de Tarpen 42, 22848 Norderstedt

学校
sukuu

- 教室 — adesua dan mu
- 割り算 — kyɛmu
- 黒板 — bɔɔdo
- 校庭 — sukuu asaase
- 教師 — ɔkyerɛkyerɛni
- 紙 — krataa
- ペン — twerɛdua
- 書く — twerɛ
- 事務机 — pono
- 定規 — susudua
- 本 — nwoma
- 生徒 — sukuuni

ランドセル
baage

筆入れ
adeɛ wɔde twerɛdua hyɛ mu

鉛筆
twerɛdua

鉛筆削り
adea wɔde sensene twerɛdua ano

消しゴム
rɔba

スケッチブック
drɔɔwin nkrataa

スケッチ
drɔwin

絵筆
adeɛ a wɔde bɔ akaadoo mu

絵の具箱
akaadoo adaka

はさみ
apasoɔ

接着剤
aduro a wɔde sɔ nnooma bɔ mu

練習帳
krataa wɔyɛ dwumadie wɔ mu

宿題
efie adwuma

数
nɔma

足し算
ka bom

引き算
te frim

かけ算
fabaho

計算する
bo ho nkonta

文字
atwerɛdeɛ

アルファベット
atwerɛdeɛ

単語
asɛm

テキスト
atwerɛ

読む
kan

チョーク
chalk

授業
adesua

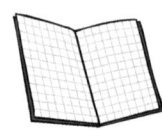
学級日誌
krataa a din ahodoɔ wɔ mu

試験
nsɔhwɛ

通知表
nimdeɛ krataa

制服
sukuu ataadeɛ

教育
adesua

百科事典
encyclopedia

大学
suapon kɛseɛ

顕微鏡
afidie a wɔde hwɛ adeɛ aniwa ntumi nhunu

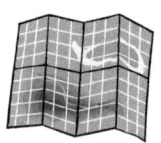
地図
asaase mfonin a ɛwɔ krataa so

ごみ箱
kɛntɛn a wɔde krataa na ayɛ a wɔde nwura gu mu

学校 - sukuu

旅行
akwantuo

ホテル
ahomegyebea

ホステル
atenaeɛ

両替所
baabi aa yɛsesa

スーツケース
baage a wɔde nnooma gu mu

自動車
kaa

言語
kasa

はい / いいえ
aane / daabi

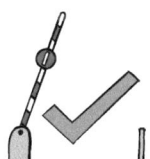

問題ない
Yoo

ハロー
hɛlo

翻訳者
deɛ wɔkyerɛkyerɛ kasa ase

ありがとう
Medaase

旅行 - akwantuo

…はいくらですか？ … ɛyɛ sɛn?	わかりません Menteaseɛ	問題 ɔhaw

こんばんは！ Maadwo!	おはようございます！ Maakye!	おやすみなさい！ Da yie!

さようなら nante yie	方向 akwankyerɛ	手荷物 nnooma a wode tu kwan

バッグ kɔtɔkuo	リュックサック baage a yɛde bɔ yakyi	お客様 ɔhɔhoɔ

部屋 danmu	寝袋 bag a yɛda mu	テント ntomadan

旅行 - akwantuo

旅行者情報
adesrafoɔ nsɛm

ビーチ
po ano

クレジットカード
krɛdit kaade

朝食
anopa aduane

昼食
awia aduane

夕食
anwumerɛ aduane

チケット
tikiti

エレベーター
pagya

スタンプ
agyinahyɛdeɛ

境界
ɛhyeɛ

税関
adwumayɛfoɔ a wɔgyina
aman mmienu hyeɛ so

大使館
ɔman bi asoeɛ

ビザ
akwantuo krataa

パスポート
akwantuo krataa

旅行 - akwantuo

輸送
ɛhyɛn

飛行機
ɛwiemhyɛn

船
suhyɛn

消防車
afidie wɔde dum gya

バス
bɔs

トラック
ɛhyɛn

モーターボート
motoboto

自動車
kaa

自転車
dadepɔnkɔ

フェリー
subonto

ボート
suhyɛn

バイク
dadepɔnkɔ

パトカー
apolisifoɔ kaa

レーシングカー
kaa a wɔde si akan

レンタカー
hyɛn aa yɛ hain

輸送 - ɛhyɛn

カーシェアリング

kaa a wɔde ma obi de di dwuma

レッカー車

kaa a wɔde twe ɛhyɛn a asɛe

ごみ収集車

bɔɔla kaa

モーター

moto

燃料

ngo

ガソリンスタンド

beaɛ a wɔtɔn pɛtro

交通標識

trafik ahyɛnsodeɛ

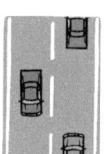

交通

trafik

渋滞

ɛhyɛn ntumi nkɔ ntɛm

駐車場

kaa gyinabea

駅

keteke steshin

道

ketekye kwan

列車

ketekye

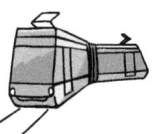

路面電車

ketekye

車両

afidie a wɔtena mu wɔ wiem tu kwan

輸送 - ɛhyɛn

9

ヘリコプター
ewiemhyɛn

空港
dadeɛanoma gyinabea

タワー
dan tentene

乗客
obi a wɔforo hyɛn

コンテナ
adaka

段ボール箱
adaka

カート
teaseɛnam

カゴ
kɛntɛn

離陸 / 着陸
tu / si fam

都市
kuropɔn

村
akurase

都心
kuropɔn hyiabea

家
efie

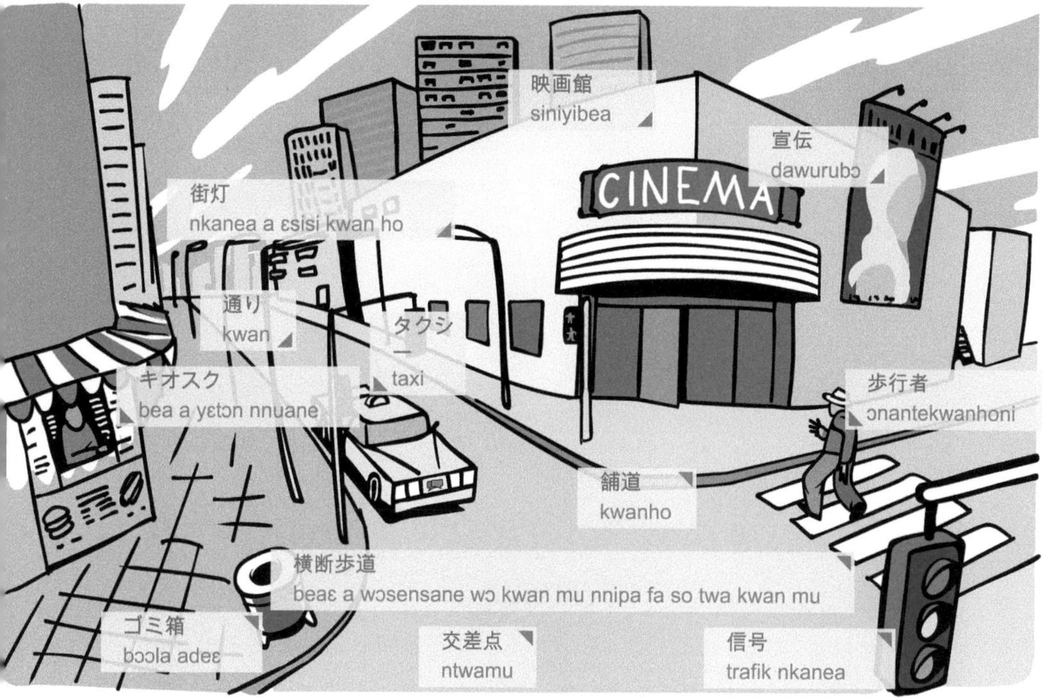

映画館
siniyibea

宣伝
dawurubɔ

街灯
nkanea a ɛsisi kwan ho

通り
kwan

タクシー
taxi

キオスク
bea a yɛton nnuane

歩行者
ɔnantekwanhoni

舗道
kwanho

横断歩道
beaɛ a wɔsensane wɔ kwan mu nnipa fa so twa kwan mu

ゴミ箱
bɔɔla adeɛ

交差点
ntwamu

信号
trafik nkanea

小屋
ntaabodan

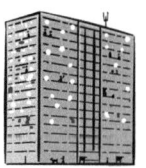

アパート
tenabea

駅
keteke steshin

市役所
kurom nhyiadanmu

美術館
mesiɔm

学校
sukuu

都市 - kuropɔn

大学
suapon kɛseɛ

銀行
sikakorabea

病院
asopiti

ホテル
ahomegyebea

薬局
beaɛ a wɔtɔn nnuro

オフィス
ɔfise

書店
beaɛ a wɔtɔn nwoma

ショップ
beaɛ a wɔtɔn adeɛ

花屋
nhwiren kuani

スーパーマーケット
dwakɛseɛmu

市場
dwamu

デパート
asoeɛ sotɔɔ

魚屋
nnam tɔnfo

ショッピングセンター
adetɔ beae

港
suhyɛn gyinabea

都市 - kuropɔn

公園
agodibea

ベンチ
akonnwa

橋
nsamsoɔ

階段
adeɛ wɔee foro aborosan

地下鉄
asaasease

トンネル
tɔkuro a w'atu no asaase mu de ayɛ kwan

バス停
ɛhyɛn gyinabea

バー
nsanombea

レストラン
adidibea

ポスト
krataa adaka

道路標識
kwan ahyɛnsodeɛ

パーキングメーター
kaagyinaho meta

動物園
mmoakurabea

スイミングプール
nsuo a wɔdware mu

モスク
masalakyi

都市 - kuropɔn

農場
afuo

汚染
ewiem sɛɛɛ

墓地
nsamanpɔ mu

教会
asore

遊び場
agodibea

寺
hyiadan

風景
asaase

葉 ahaban
道標 akyerɛkyerɛkwan
道 kwan
草地 sare asaase
石 boba
木 dua
ハイカー pipo so foronii
川 asubɔntene
草 nsensan
花 nhwiren

風景 - asaase

谷
ɛbɔn

山
bepɔ

湖
sutadeɛ

森
kwaeɛ

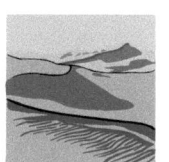
砂漠
ɛserɛ so

火山
egya a ɛfiri bepɔ mu ba

城
ahenfie

虹
nyankontɔn

キノコ
mmire

ヤシの木
abɛdua

蚊
ntontom

ハエ
wasena

蟻
ntatea

ミツバチ
wowa

クモ
ananse

風景 - asaase

カブトムシ
kukurubibi

蛙
apɔnkyerɛnee

リス
opuro

ハリネズミ
kotoko

ウサギ
adanko

フクロウ
patuo

鳥
anomaa

白鳥
dabodabo

雄豚
kɔkɔte

鹿
wansane

ヘラジカ
torɔm

ダム
sutadeɛ

風力タービン
mframa tɛɛbain

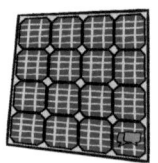
ソーラーパネル
adeɛ ɛtwe anyinam ahoden firi awia mu

気候
ewiem

16 風景 - asaase

レストラン
adidibea

- ウェイター — barima a wɔsom wɔ beaɛ a wotɔn aduane
- メニュー — aduane ahodoɔ wotɔn
- 椅子 — akonwa
- スープ — nkwan
- ピザ — pizza
- 刃物類 — atere ne nsikan a wɔde didie
- テーブルクロス — ntoma a wɔde kata ɛpono so

前菜
ahyɛaseɛ

メインコース
aduane titriw

デザート
nnɔkɔnnɔkwade

飲み物
nsa

食べ物
aduane

ボトル
toa

レストラン - adidibea

ファストフード
aduane wɔyɛ no ɔhare so

屋台の食べ物
aduana a ɛyɛ kwan ho

ティーポット
tea kukuo

砂糖入れ
asikyire kyɛnsen

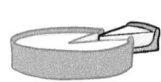

一人前
fa

エスプレッソマシン
espresso afidie

幼児用食事椅子
akonwa tenten

請求書
ka krataa

トレー
apanpan

ナイフ
sikanmoa

フォーク
adinam

スプーン
atere

ティースプーン
tea atere

ナプキン
ntoma a wɔde sɛ pono so

グラス
ahwehwɛ

レストラン - adidibea

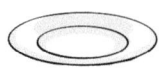

皿
plɛɛte

スープ皿
nkwan plɛɛte

受け皿
plɛte ketewa

ソース
frɔyɛ

塩入れ
nkyene kukuo

ペッパーミル
adeɛ a wɔde twi mako

酢
vinegar

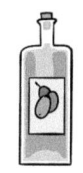

油
anwa

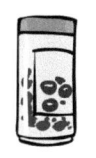 

スパイス
atosodeɛ

ケチャップ
ketchup

マスタード
sinapi aba

マヨネーズ
mayonis

レストラン - adidibea

スーパーマーケット

dwakɛseɛmu

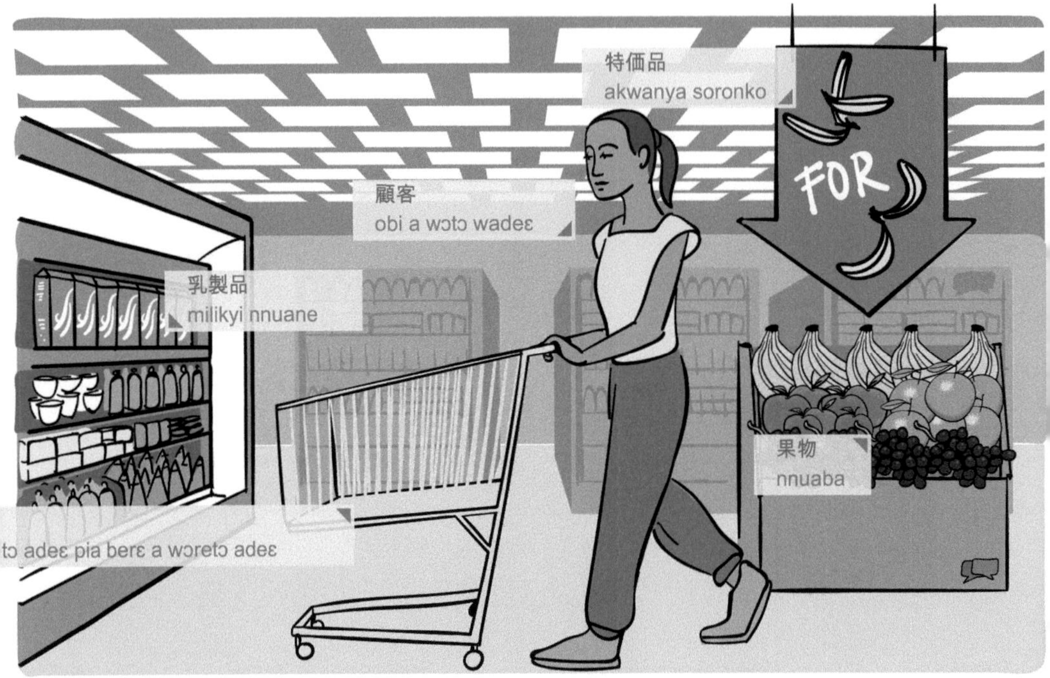

特価品
akwanya soronko
FOR
顧客
obi a wɔtɔ wadeɛ
乳製品
milikyi nnuane
果物
nnuaba
tɔ adeɛ pia berɛ a wɔretɔ adeɛ

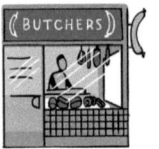

BUTCHERS

肉屋

nnamtwafo

BAKERY

パン屋

brodotofo

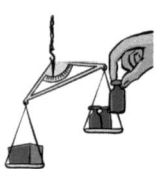

重さをはかる

susu

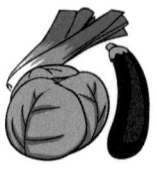

野菜

atosodeɛ

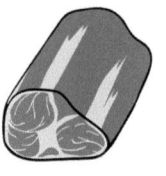

肉

nnam

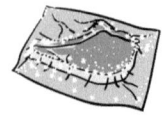

冷凍食品

aduane a wɔde ahyɛ sukɔtwea adaka mu

 冷肉の薄切り nnam a yɛy nwunu	 缶詰食品 nnuane a ɛwɔ konku mu	 洗剤 aduro a wɔde si nnooma
 菓子 adɔkɔkɔdɔkɔdeɛ	 家庭用品 efie nnooma	 清掃用品 nnuro a wɔde hohoro nnooma ho
 販売員 adetɔni	 現金箱 adeɛ a wɔgye sika de gu mu	 レジ係 obi a wɔhwɛ sika so
 買い物リスト nnooma a wobɛtɔ	 開館時刻 mmerɛ a ɔmo de bue	 財布 kotɔkuo
 クレジットカード krɛdit kaade	 バッグ bɔtɔ	 ポリ袋 rɔba bɔtɔ

スーパーマーケット - dwakɛseɛmu

飲み物
nsa

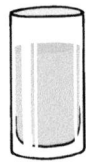
水
nsuo

ジュース
aduaba mu nsuo

牛乳
milikyi

コーラ
coke

ワイン
nsa

ビール
beer

アルコール
nsaden

ココア
kookoo

紅茶
tea

コーヒー
kɔfe

エスプレッソ
espresso

カプチーノ
cappuccino

食べ物
aduane

バナナ
kwadu

リンゴ
aprɛ

オレンジ
akutuo

メロン
mɛlɔn

レモン
akutuo

ニンジン
karɔt

ニンニク
galeke

竹
mpampuro

玉ねぎ
gyeene

キノコ
mmire

ナッツ
nkateɛ

ヌードル
talia

スパゲッティ
talia

米
ɛmo

サラダ
salad

フライドポテト
kyips

フライドポテト
aborodwomaa w'akye

ピザ
pizza

ハンバーガー
hamburger

サンドウィッチ
sandwich

カツレツ
ntwetwade

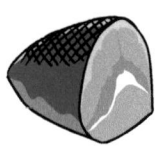

ハム
prɛko nam

サラミ
salami

ソーセージ
sɔsegye

鶏肉
akokɔnam

焼き
toto

魚
nsuomunam

 麦のお粥 oats koko	 ムーズリ muesli	 コーンフレーク cornflakes
 小麦粉 esam	 クロワッサン croissant	 ロールパン brodo a yabobɔ
 パン brodo	 トースト ho	 ビスケット biskit
 バター bɔta	 カッテージチーズ koko	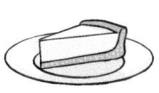 ケーキ ɔfam
 卵 kosua	 目玉焼き kosua a yakye	 チーズ kyeese

食べ物 - aduane

アイスクリーム
ise krim

砂糖
asikyire

はちみつ
ɛwoɔ

ジャム
ɛam

ヌガークリーム
kyɔkolate a wɔde yɛ aduane mu

カレー
kɔri

農場
afuo

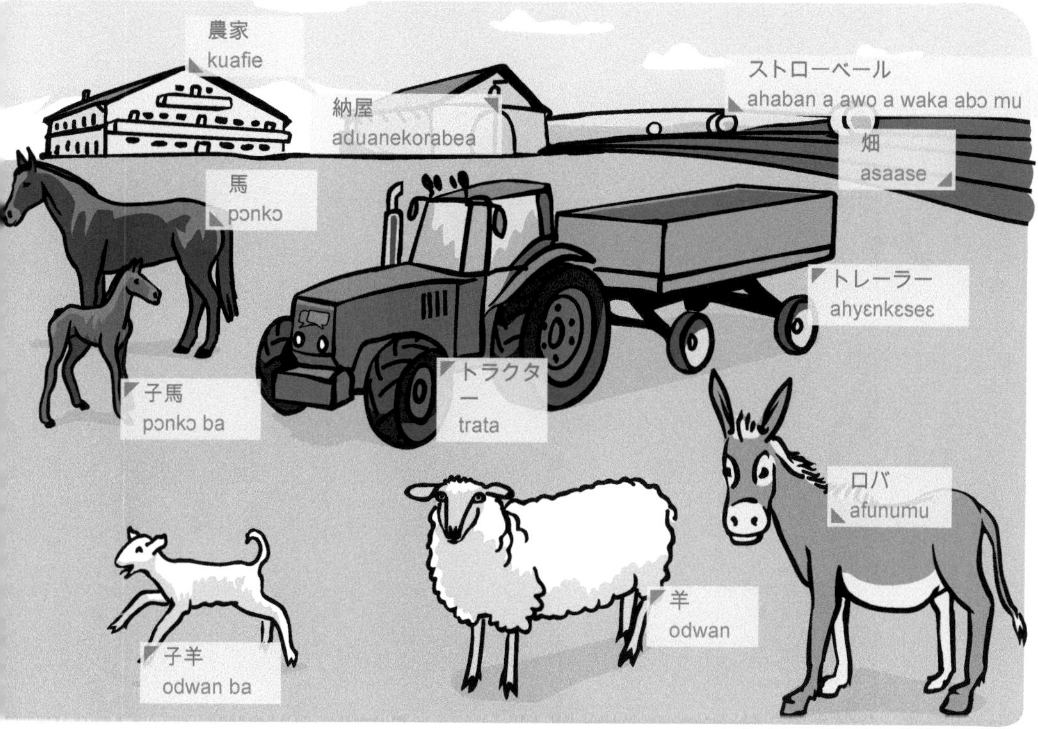

- 農家 — kuafie
- 納屋 — aduanekorabea
- ストローベール — ahaban a awo a waka abɔ mu
- 畑 — asaase
- 馬 — pɔnkɔ
- トレーラー — ahyɛnkɛsɛɛ
- 子馬 — pɔnkɔ ba
- トラクター — trata
- ロバ — afunumu
- 子羊 — odwan ba
- 羊 — odwan

ヤギ
apɔnkye

雌牛
nantwie

子牛
nantwie ba

豚
prɛko

子豚
prɛko ba

雄牛
nantwinini

ガチョウ
dabodabo

アヒル
dabodabo

ひよこ
akokɔba

にわとり
akokɔbedeɛ

おんどり
akokɔnini

ネズミ
akura

猫
agyinamoa

ねずみ
akura

雄牛
nantwi

犬
ɔkraman

犬小屋
kramanfie

散水ホース
drobɛna a wɔde nsuo fa mu gugu nnooma so

じょうろ
toa wɔde nsuo gu mu de gugu nnooma so

大鎌
kantankrankyi

すき
afidie a wɔde funtum asaase ani

農場 - afuo

草刈り鎌
sɔsɔcwa

くわ
asɔ

堆肥用フォーク
fɔɔki kɛsɛɛ

斧
akuma

手押し車
hweebaro

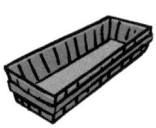
かいばおけ
adea mmoa didi mu

牛乳缶
milikyi konku

袋
kotoku

フェンス
ɛban

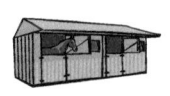
畜舎
mmoa dan

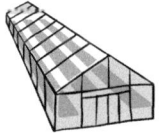
温室
nnuaba dan mu

土壌
anwea

種
aba

肥料
nnuro a wɔde gu mfudeɛ ho

コンバイン
nnuanetwa kaa kɛse

農場 - afuo

収穫する
twa

収穫
mfudeɛ

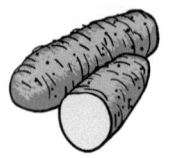
ヤマイモ
bayerɛ

小麦
ayuo

大豆
soya

じゃがいも
aborɔdwomaa

トウモロコシ
aburo

菜種
rapedua aba

果樹
aduaba dua

キャッサバ
bankye

穀物
aburo aduane

農場 - afuo

家
efie

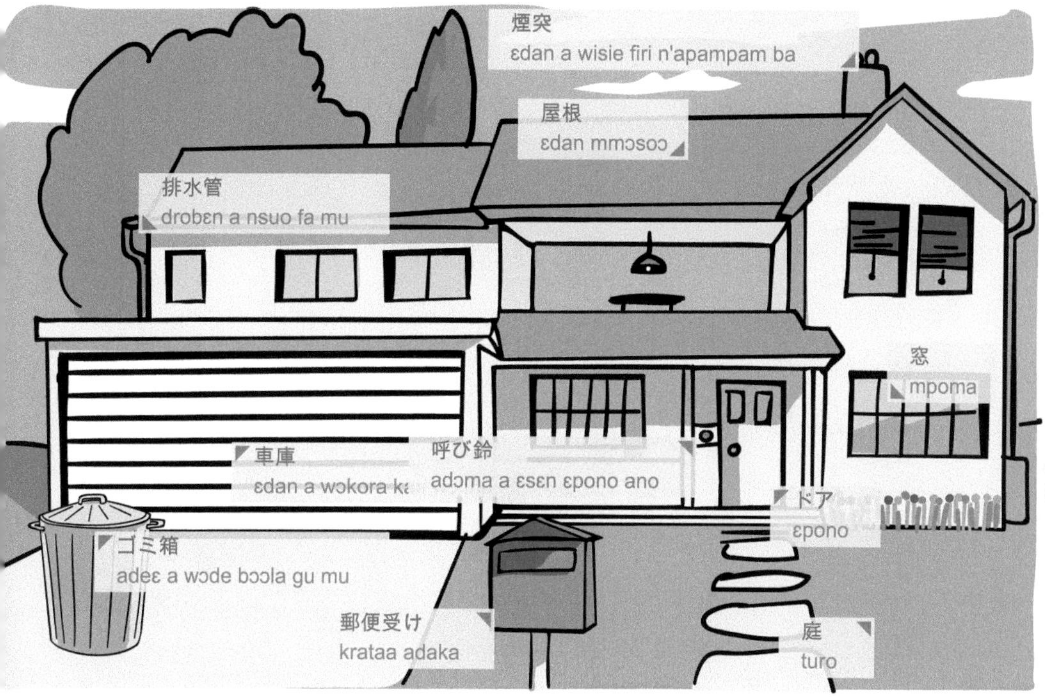

煙突　ɛdan a wisie firi n'apampam ba

屋根　ɛdan mmɔcɔɔ

排水管　drobɛn a nsuo fa mu

窓　mpoma

車庫　ɛdan a wɔkora ka

呼び鈴　adɔma a ɛsɛn ɛpono ano

ドア　ɛpono

ゴミ箱　adeɛ a wode bɔɔla gu mu

郵便受け　krataa adaka

庭　turo

リビングルーム
ɛdan a wɔtena mu

浴室
adwareɛ

台所
gyaade

寝室
piam

子供部屋
abɔfra dan mu

ダイニング・ルーム
ɛdan a wɔdidi wɔ mu

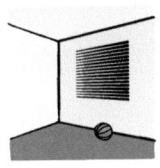
床
fam

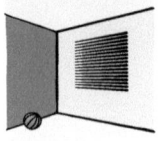
壁
εban

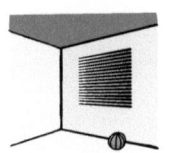
天井
siilin

地下貯蔵庫
εdan a εhyε fam

サウナ
beaε a wɔkɔto hyew

バルコニー
pɔɔkye

テラス
asaase a wafuntum na wɔde dua nnɔbaeε

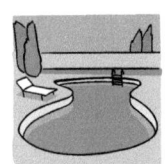
プール
nsuo a wɔdware mu

芝刈り機
afidie a wɔde dɔ

シーツ
krataa

ベッドカバー
nnasoɔ

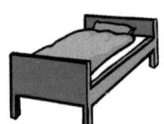
ベッド
mpa

ほうき
praeε

バケツ
bɔkiti

スイッチ
deε wɔde sɔ kanea

家 - efie

リビングルーム
ɛdan a wɔtena mu

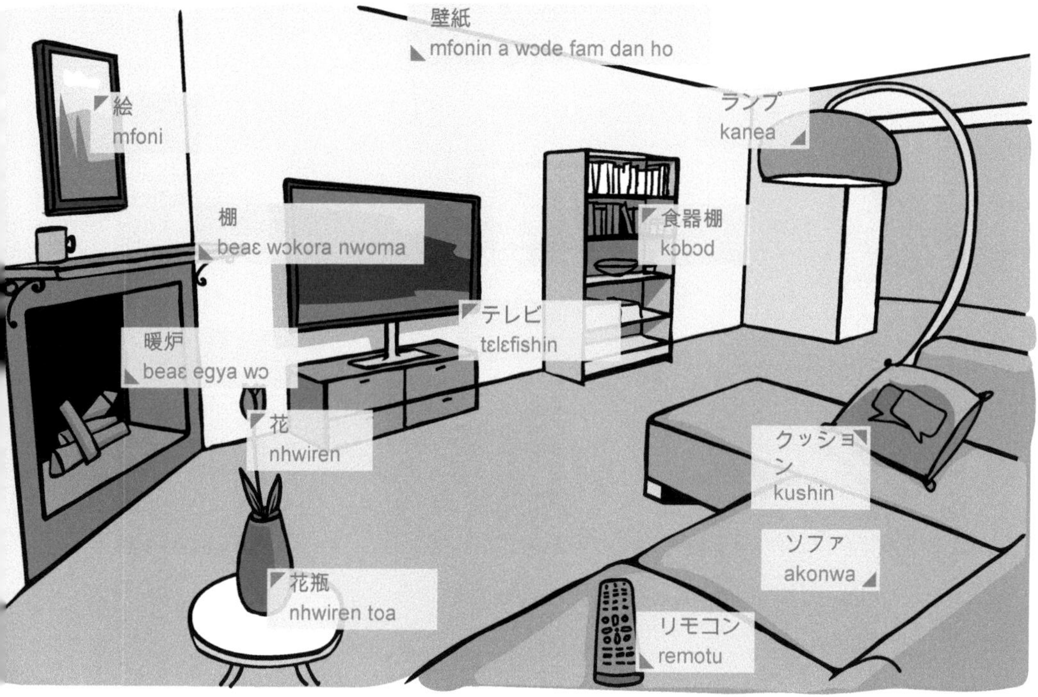

- 壁紙 — mfonin a wɔde fam dan ho
- 絵 — mfoni
- ランプ — kanea
- 棚 — beaɛ wɔkora nwoma
- 食器棚 — kɔbɔd
- 暖炉 — beaɛ egya wɔ
- テレビ — tɛlɛfishin
- 花 — nhwiren
- クッション — kushin
- ソファ — akonwa
- 花瓶 — nhwiren toa
- リモコン — remotu

カーペット
kapɛt

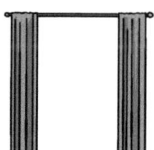

カーテン
kɛtin

テーブル
pono

椅子
akonwa

ロッキングチェア
akonwa aa ɛkɔ anim ne akyi

ひじ掛け椅子
nsaakonwa

本
nwoma

毛布
kuntu

飾り
beaɛ asiesie

たきぎ
egya

映画
mfoni

ステレオ
hi-fi afidie

鍵
safoa

新聞
dawurobɔ krataa

絵画
akaado

ポスター
mfoni

ラジオ
akasanoma

メモ帳
nwoma a wɔtwerɛ nsɛmpɔ gu mu

掃除機
afidie a wɔde pra mfuturo

サボテン
cactus

ろうそく
kandele

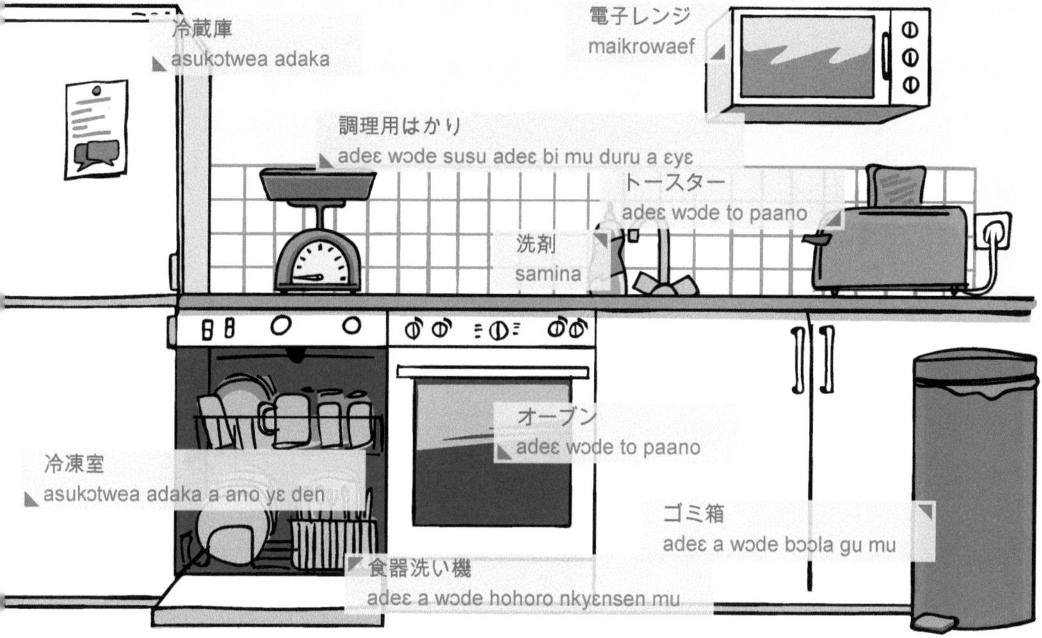

台所
gyaade

冷蔵庫 — asukɔtwea adaka

電子レンジ — maikrowaef

調理用はかり — adeɛ wɔde susu adeɛ bi mu duru a ɛyɛ

トースター — adeɛ wɔde to paano

洗剤 — samina

冷凍室 — asukɔtwea adaka a ano yɛ den

オーブン — adeɛ wɔde to paano

ゴミ箱 — adeɛ a wɔde bɔɔla gu mu

食器洗い機 — adeɛ a wɔde hohoro nkyɛnsen mu

こんろ

adeɛ a wɔde noa aduane

鍋

kukuo

鉄鍋

dadesɛn

中華鍋/ カダイ鍋

wok / kadai

フライパン

pan

やかん

adeɛ wɔde noa nsuo

蒸し器
nea yɛde ka aduane hye

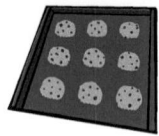
天板
adeɛ wɔtɔw so paano

食器
nkyɛnsen a wɔdidi mu

マグカップ
kuruwa

ボウル
kyɛnsen

箸
nnua a wɔde didie

おたま
kwantere

へら
atere

泡立て器
adeɛ wɔde nu adeɛ mu

こし器
sɔneɛ

ふるい
sɔneɛ

すりおろし器
adeɛ a wɔde twi adeɛ

すり鉢
waduro

バーベキュー
adeɛ a wɔde toto nam

かまど
egya a biribiara mmɔ ho ban

まな板
adeɛ a wɔtwitwa so nnooma

麺棒
adea wɔde twi nnooma

栓抜き
adeɛ a wɔde tu toa ano

缶
konku

缶切り
adeɛ wɔde bie konku so

鍋つかみ
nea yɛde sɔ kukuo mu

流し
adeɛ a wɔhohoro nkyɛnse wɔ mu

ブラシ
adeɛ a wɔde twitwi

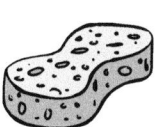
スポンジ
sapɔ

ミキサー
afidie wɔde yam nnuane

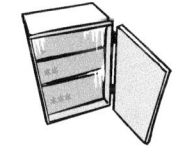
冷凍庫
asukɔtwea adaka a ano yɛ den

哺乳瓶
abɔfra toa

蛇口
nsuo

台所 - gyaade

浴室
adwareɛ

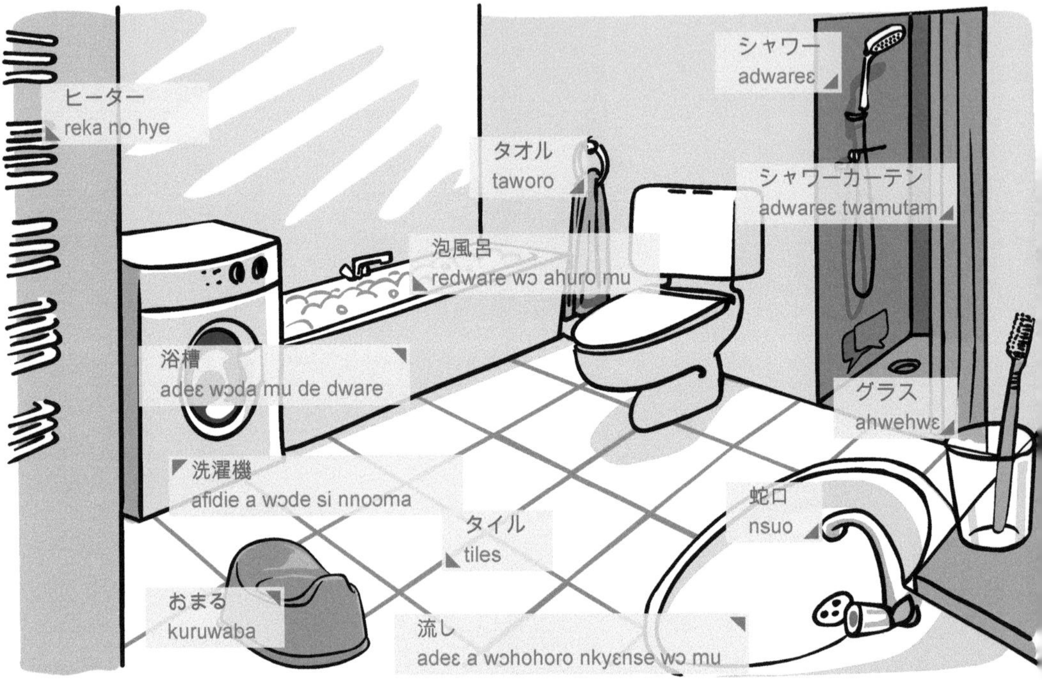

- ヒーター reka no hye
- シャワー adwareɛ
- タオル taworo
- シャワーカーテン adwareɛ twamutam
- 泡風呂 redware wɔ ahuro mu
- 浴槽 adeɛ wɔda mu de dware
- グラス ahwehwɛ
- 洗濯機 afidie a wɔde si nnooma
- 蛇口 nsuo
- タイル tiles
- おまる kuruwaba
- 流し adeɛ a wɔhohoro nkyɛnse wɔ mu

トイレ
agyananbea

和式トイレ
agyananbea a wɔkotoso

ビデ
bidet

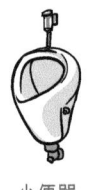

小便器
dwonsɔbea

トイレットペーパー
tiafi krataa

トイレブラシ
adeɛ a wɔde twitwi agyanbea

歯ブラシ

adeɛ wɔde twitwiri ɛse

歯みがき

aduro wɔde twitwiri ɛse

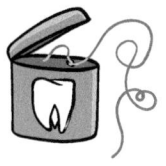

デンタルフロス

adeɛ wɔde yiyi ɛse ntam

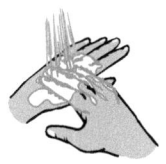

洗う

si

シャワーヘッド

adeɛ wɔsɔ mu de dware

ハンドビデ

adeɛ nsuo fa mu na wɔde hohoro mmaa ase

洗面台

adeɛ wɔsi nnɔɔma wɔ mu

ボディブラシ

adeɛ wɔde twitwi yakyi

石鹸

samina

シャワー用ジェル

adwareɛ samina

シャンプー

deɛ wɔde hohoro tirinwii mu

浴用タオル

ntoma wɔde asaawa na ayɛ

排水口

nsuokwan

クリーム

nkuu

消臭

aduro a wɔde fa mmɔtoamu

浴室 - adwareɛ

鏡
ahwehwɛ

手鏡
ahwehwɛ kumaa

かみそり
yiwan

シェービング・フォーム
aduro a wɔde yi

アフターシェーブローショ ン
aduro a wɔde sera beaɛ wayi

櫛
afe

ブラシ
brɔsh

ドライヤー
afidie a wɔde ka nwii ma no wo

ヘアスプレー
adeɛ wɔde aduro gu mu de gu nwii so

化粧
adeɛ wɔde yɛn wɔn anim

口紅
adeɛ wɔde keka ano

マニキュア
aduro a wɔde ka mmɔwerɛ so

脱脂綿
asaawa

爪切り
apasoɔ a wɔde twitwa mmɔwerɛ

香水
aduham

浴室 - adwareɛ

洗面用具入れ
baage a wɔde nnooma gu mu wɔ adwareɛ

スツール
akonwa

体重計
afidie a wɔde susu adeɛ bi mu duro

バスローブ
ataadeɛ wɔhyɛ berɛ a wɔrekɔdware

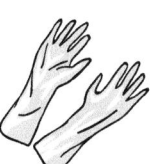
ゴム手袋
adeɛ wɔde hyɛ wɔn nsa a wɔde rɔba na ayɛ

タンポン
adeɛ wɔde twe nsuo firi pirakuro mu

生理用ナプキン
deɛ mmaa de siesie wɔn ho berɛ wɔn abu wɔn nsa

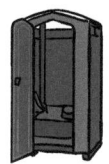
ケミカルトイレ
agyananbea a wɔde nnuro kora

浴室 - adwareɛ

子供部屋

abɔfra dan mu

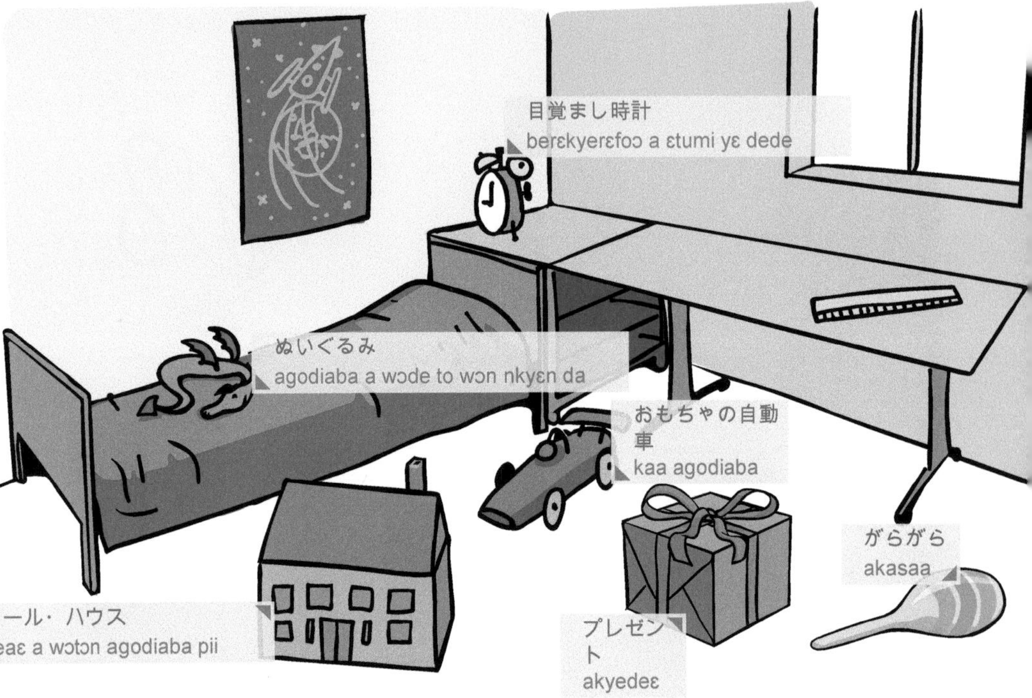

目覚まし時計
berɛkyerɛfoɔ a ɛtumi yɛ dede
ぬいぐるみ
agodiaba a wɔde to wɔn nkyɛn da
おもちゃの自動車
kaa agodiaba
がらがら
akasaa
ドール・ハウス
beaɛ a wɔtɔn agodiaba pii
プレゼント
akyedeɛ

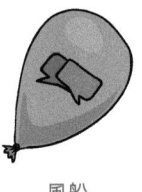

風船

baluu

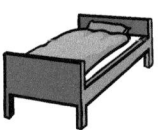

ベッド

mpa

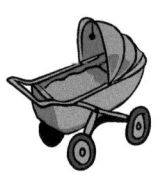

ベビーカー

adeɛ a wɔde mmɔfra to mu pia wɔn

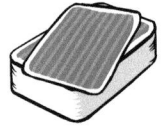

カードゲーム

nkrataa a ɛhyɛ adaka mu

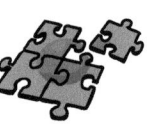

ジグソーパズル

mfonin asiniasini a wɔkeka si ani hyehyɛ

SUPER MEGA

漫画

mmɔfra aseresɛm nwoma

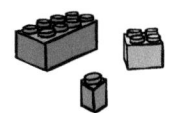

レゴ
lego bricks

玩具ブロック
blɔks a wɔde si dan

アクションフィギュア
mmɔfra agodiaba

ロンパース
mmɔfra ataade a wɔayɛ abɔ mu

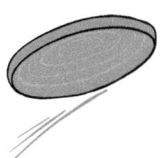

フリスビー
frisbee

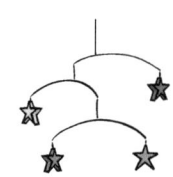

モバイル
agodiaba a wɔde sensɛne mmɔfra mpa so

ボードゲーム
agorɔ a ɛwɔ pono so

さいころ
ludu aba

鉄道模型
ketekye ketewa

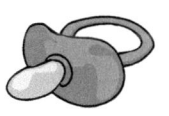

おしゃぶり
adeɛ a wɔde hyɛ mmɔfra anumu

パーティー
apontoɔ

絵本
krataa mfonin wɔ mu

ボール
bɔɔlo

人形
agodiaba

遊ぶ
di agorɔ

子供部屋 - abɔfra dan mu

砂場

adeɛ wɔde anwea agu mu a mmɔfra di mu agorɔ

ブランコ

adonko

おもちゃ

agodiaba

ゲーム機

afidie abɛɛfo agodie wɔ so a wɔbɔ

三輪車

dadepɔnkɔ a ne nan yɛ mmiensa

テディベア

sisire agodiaba

衣装ダンス

wɔdrop

衣服
ataadeɛ

靴下

adeɛ a wɔhyɛ ansa na wahyɛ mpaboa

ストッキング

ataade tenten a wɔhyɛ wɔ wɔn nan ho

タイツ

ataadeɛ a ɛkyekyere deɛ wahyɛ no

衣服 - ataadeɛ

ボディースーツ
nipadua

ズボン
trɔsa

ジーンズ
gyins

スカート
skɛɛte

ブラウス
mmaa ataade soro

シャツ
ataadesoro

セーター
swata

パーカー
ataadeɛ a ɛkyɛ wɔ mu

ブレザー
kootu

ジャケット
ataade ngusoɔ

コート
kootu

レインコート
ataadeɛ wɔhyɛ berɛ nsuo retɔ

服装
ataadehyɛ

ドレス
ataadeɛ

ウェディングドレス
ayifrɔ atadeɛ

46　　　　　衣服 - ataadeɛ

スーツ
ataade nkatasoɔ

ナイトガウン
ataadeɛ a yɛhyɛ de da

パジャマ
pigyamas

サリー
sari

ヘッドスカーフ
duku

ターバン
duku

ブルカ
ataadeɛ Nkramofoɔ mmaa hyɛ na ɛkata wɔn tiri so de kɔsi wɔn nan ase

カフタン
kaftan

アバヤ
abaya

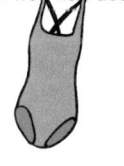
水着
ataadeɛ a wɔhyɛ de dware nsuo mu

トランクス
nika

半ズボン
nika

スウェットスーツ
traksuit

エプロン
ntoma a wɔde kata wɔn kɔnmu berɛ wɔreyɛ aduane

手袋
adeɛ wɔde hyɛ wɔn nsa

衣服 - ataadeɛ

ボタン
batin

メガネ
ahwehwɛniwa

ブレスレット
adeɛ wɔde to wɔn nsa

ネックレス
kɔnmuade

指輪
kawa

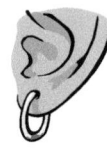

イヤリング
asomadeɛ

帽子
ɛkyɛ

ハンガー
adeɛ a wɔde kootu hyɛ so

帽子
ɛkyɛ

ネクタイ
abɔɔmenemu

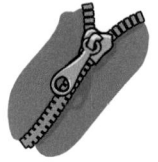

ファスナー
zip

ヘルメット
ɛkyɛ a wɔhyɛ de twi motosakre

サスペンダー
bresis

制服
sukuu ataadeɛ

ユニフォーム
ataadeɛ

衣服 - ataadeɛ

よだれかけ
adeɛ a wɔde gu abɔfra kɔn mu berɛ a wɔredidi

おしゃぶり
adeɛ a wɔde hyɛ mmɔfra anumu

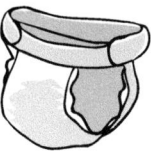
おむつ
moase tam

オフィス
ɔfise

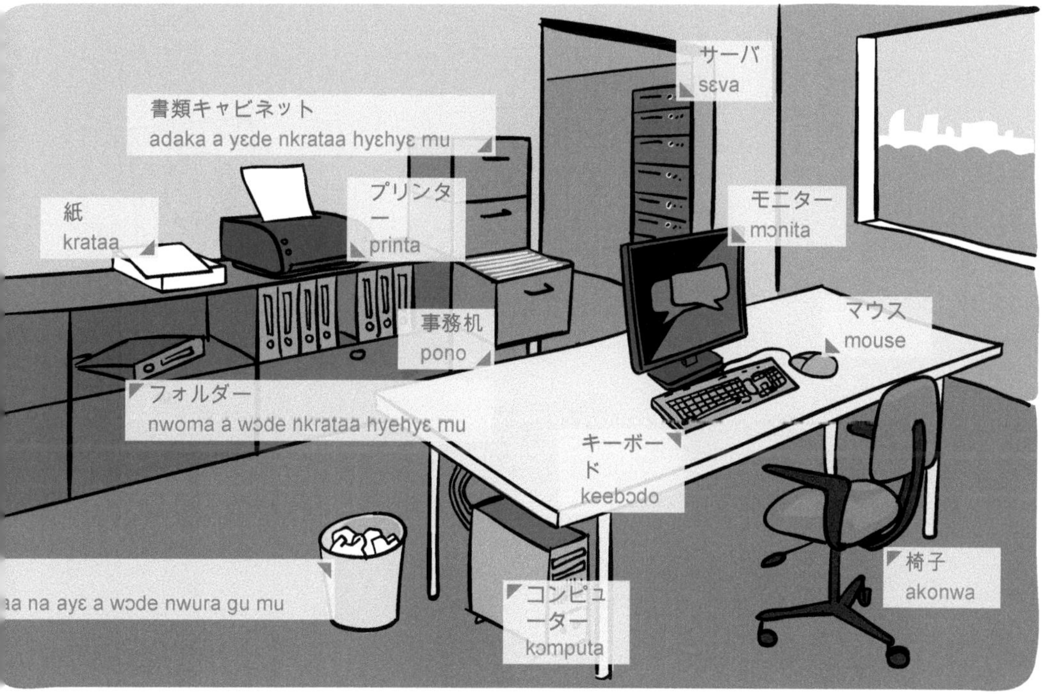

書類キャビネット
adaka a yɛde nkrataa hyɛhyɛ mu

紙
krataa

プリンター
printa

サーバ
sɛva

モニター
mɔnita

事務机
pono

マウス
mouse

フォルダー
nwoma a wɔde nkrataa hyɛhyɛ mu

キーボード
keebɔdo

aa na ayɛ a wɔde nwura gu mu

コンピューター
kɔmputa

椅子
akonwa

コーヒーマグ
kɔfe kuruwa

計算機
afidie a wɔde bu nkɔnta

インターネット
intanɛt

オフィス - ɔfise

ラップトップ
laptop

手紙
krataa

メッセージ
nkratoɔ

携帯電話
mobile

ネットワーク
nɛtwɛk

コピー機
fotokɔpia

ソフトウェア
sɔftwɛɛ

電話
tetefon

コンセント
plɔg sɔkɛti

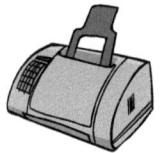
ファックス
fax afidie

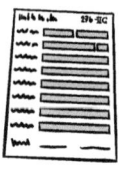
フォーム
krataa

書類
krataa

オフィス - ɔfise

経済
sikasem

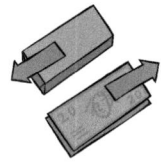
買う
tɔ

支払う
tua

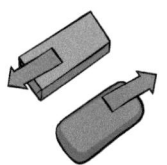
取引する
tɔn

お金
sika

ドル
dollar

ユーロ
euro

円
yen

ルーブル
rouble

スイスフラン
Swiss franc

人民元
renminbi yuan

ルピー
rupee

キャッシュポイント
sikabea

両替所
baabi aa yɛsesa

金
sikakɔkɔɔ

銀
dwetɛ

油
ngo

エネルギー
ahoɔden

価格
ne boɔ

契約
nteaseɛ a ɛwɔ krataa so

税金
ɛtoɔ

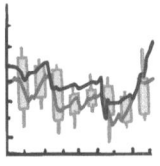

株
stock

働く
yɛ adwuma

従業員
odwumayɛni

雇用主
obi a wafa obi adwumamu

工場
afidihyehyɛbea

ショップ
beae a wɔtɔn adeɛ

経済 - sikasem

職業
nnwuma ahodoɔ

警察官 — polisini
消防士 — gyadumni
コック — obi a wɔnoa aduane
医師 — dɔkota
パイロット — obi a wɔtwi ewiemhyɛn

庭師
kuani

大工
nnuaseni

お針子
ɔbaa a wɔpam adeɛ

裁判官
otɛnmuani

化学者
dufrani

俳優
siniyifoɔ

バスの運転手

hyɛnkani

タクシー運転手

taxi drɔba

漁師

ɔfarifo

掃除婦

ɔbaa wɔpopa beaɛ

屋根ふき職人

obi a wɔbɔ dan so

ウェイター

barima a wɔsom wɔ beaɛ a wɔtɔn aduane

ハンター

ɔbɔmɔfo

塗装工

obi wɔde akaado keka ɛden ne nnooma aka ho

パン屋

brodotofo

電気工

obi a wɔyɛ nkanɛɛ ho adwuma

建設作業員

dansifo

エンジニア

obi a wɔyɛ mfidie akɛseɛ ho adwuma

肉屋

namtɔnfo

配管工

obi a wɔhyehyɛ drobɛn a nsuo fa mu

郵便配達人

obi a wɔde nkrataa a amanfoɔ atwerɛ soma no

54 　　　　職業 - nnwuma ahodoɔ

軍人

ɔsrani

建築家

obi a wɔyɛ adansie ho adwuma

レジ係

obi a wɔhwɛ sika so

花屋

obi a wɔtɔn nhwiren

美容師

obi a wɔyɛ tire

車掌

deɛ wɔgyegye sika wɔ ɛhyɛn mu

機械工

obi a wɔsiesie ɛhyɛn

キャプテン

panin

歯科医

dɔkota a wɔhwɛ se

科学者

abodeɛmu nyasapɛni

ラビ

ɔkyerɛkyerɛni

イスラム導師

imam

修道士

monk

牧師

sofo

職業 - nnwuma ahodoɔ

道具
akadeɛ

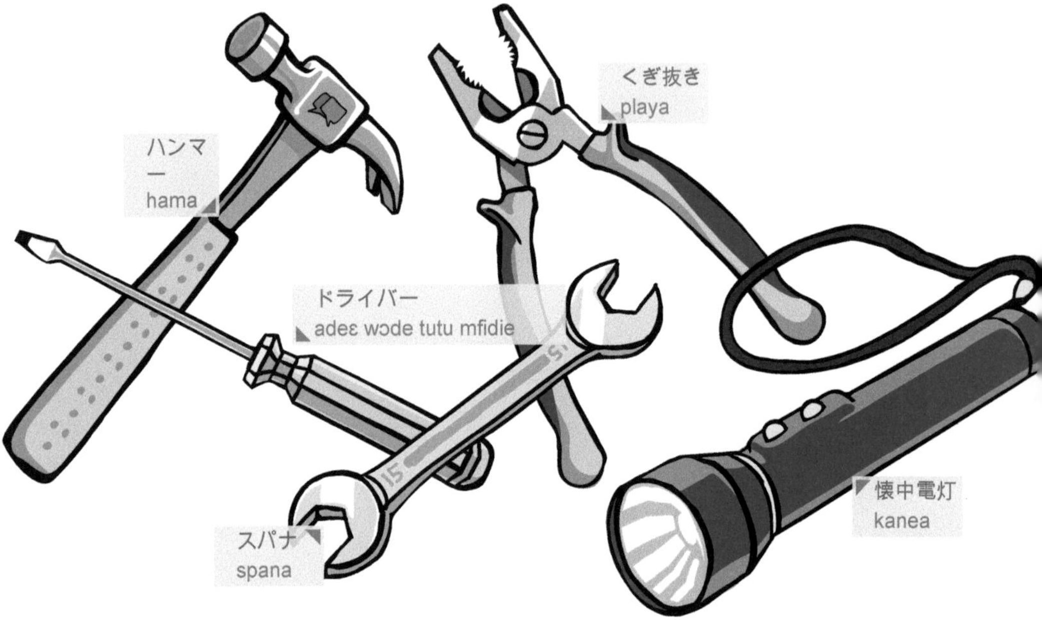

ハンマー
hama

くぎ抜き
playa

ドライバー
adeɛ wɔde tutu mfidie

スパナ
spana

懐中電灯
kanea

掘削機

afidie a wɔde tu fam

道具箱

adaka a wɔde nnooma a wɔde yɛ adwuma gu mu

はしご

atwedeɛ

のこぎり

sradaa

釘

nnadowa

ドリル

afidie a wɔde mmia nnooma mu

修理する
siesie

シャベル
sɔfi

クソ！
Yieee!

ちりとり
asesa nwura

ペンキ缶
akaado kora

ネジ
dadeɛ wode bobɔ nnoɔma mu

楽器
mfidie a wɔde bɔ nnwom

スピーカー
afidie a kasa fa mu

打楽器
ntwene

ギター
ahoma nsia

コントラバス
bas mmienu

トランペット
totrobɛnto

楽器 - mfidie a wɔde bɔ nnwom

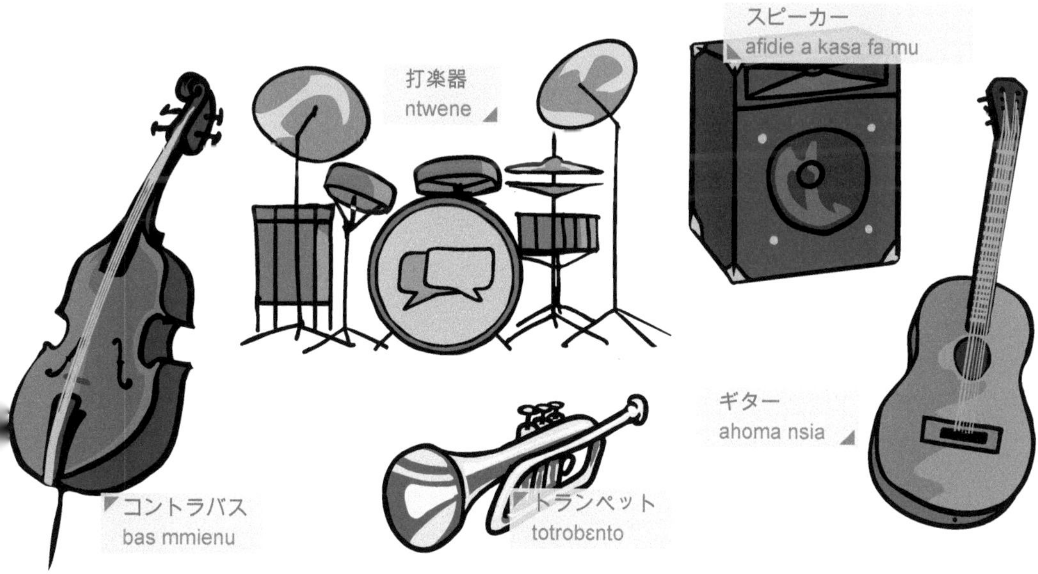

ピアノ
sankuo

バイオリン
sankuo

バス
ahoma nsia

ティンパニ
timpani

ドラム
ntwene

キーボード
sankuo

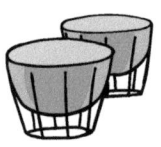
サックス
sasofon

フルート
trobɛnto

マイクロフォン
akasanoma

楽器 - mfidie a wɔde bɔ nnwom

動物園
mmoakurabea

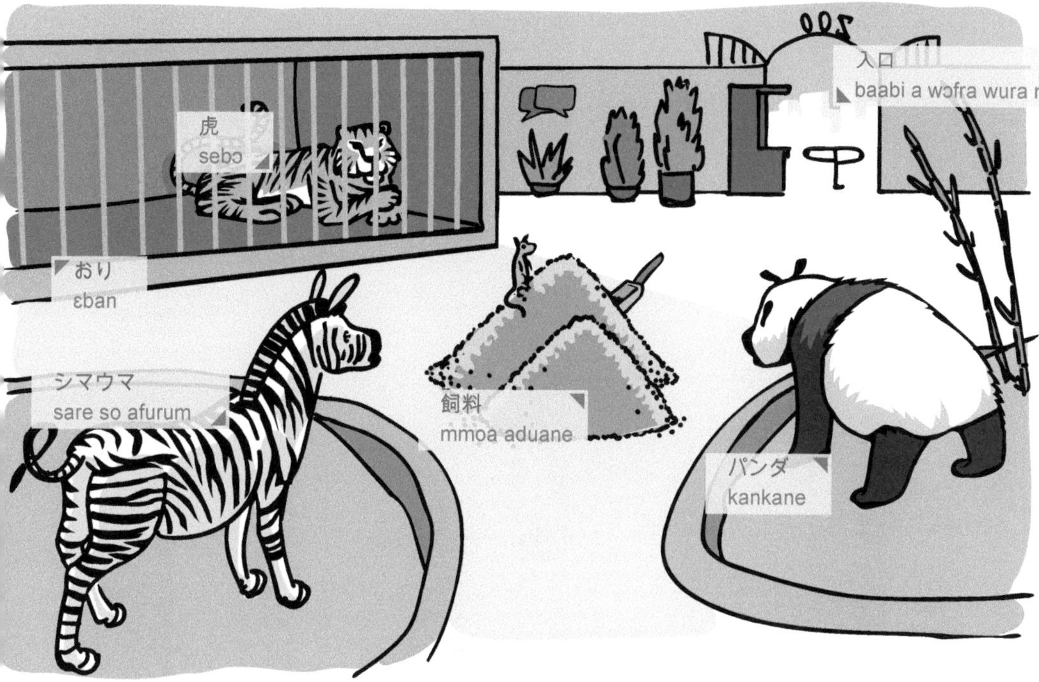

虎
sebɔ

入口
baabi a wofra wura m

おり
ɛban

シマウマ
sare so afurum

飼料
mmoa aduane

パンダ
kankane

動物
mmoa

象
ɔsono

カンガルー
kangaroo

サイ
bɛnkorɔ

ゴリラ
akaatia

熊
sisire

動物園 - mmoakurabea

ラクダ
yoma

ダチョウ
sohori

ライオン
gyata

猿
kontromfi

フラミンゴ
asukɔnkɔn

オウム
ako

白クマ
sisire

ペンギン
penguin

サメ
oboodede

クジャク
kohaa

蛇
ɔwɔ

ワニ
dɛnkyɛm

飼育係
mmoasohwɛfo

アザラシ
sukraman

ジャガー
sebɔ

動物園 - mmoakurabea

ポニー
pɔnkɔ ketewa

ヒョウ
etwie

カバ
susono

キリン
kɔntenten

鷲
ɔkɔdeɛ

雄豚
kɔkɔte

魚
nsuomunam

亀
sudanda

セイウチ
sukraman

狐
sakraman

ガゼル
adowa

動物園 - mmoakurabea

スポーツ
agokansie

アメフト - Amerika bɔɔlo
サイクリング - dadepɔnkɔ twie akansie
テニス - tɛnɛs
バスケットボール - baskɛtbɔɔlo
水泳 - nsuo dwareɛ
ボクシング - akutrukubɔ
アイスホッケー - hɔki a wɔbɔ no wɔ asukɔtwa
サッカー - bɔɔlo
バドミントン - badminton
陸上競技 - mmirikatuo
ハンドボール - nsa bɔɔlo
スキー - asukɔtwea so agorɔ
ポロ - polo

活動
dwumadie ahodoɔ

書く	描く	示す
twerɛ	dwidwi	kyerɛ

押す	与える	取る
pia	ma	fa

活動 - dwumadie ahodoɔ

 持っている gye	 する yɛ	 ある yɛ
 立つ gyina	 走る tu mirika	 引く twe
 投げる to	 落ちる tɔ fam	 横たわっている twa ntorɔ
 待つ twɛn	 運ぶ soa	 座る tena ase
 着る hyɛ atadeɛ	 眠る da	 目が覚める sɔre

活動 - dwumadie ahodoɔ

 見る hwɛ	 泣く su	 なでる fa wo nsa fefa ho
 櫛ですく nunu wotirim	 話す kasa	 理解する te aseɛ
 質問する bisa	 聞く tie	 飲む nom
 食べる didi	 片づける siesie	 愛する dɔ
 料理する noa	 運転する ka kaa	 飛ぶ tu

活動 - dwumadie ahodoɔ

ヨットに乗る
ka

計算する
bo ho nkonta

読む
kan

学ぶ
sua

働く
yɛ adwuma

結婚する
ware

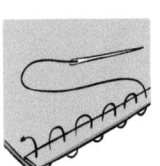
縫う
pam

歯を磨く
twitwi wo se

殺す
kum

喫煙する
hye

送る
soma

活動 - dwumadie ahodoɔ

家族
abusua

- 祖母 nanabaa
- 祖父 nana barima
- 父 papa
- 母 maame
- 赤ん坊 abɔfra
- 娘 babaa
- 息子 babarima

お客様
cɔhcɔ

おば
sewaa

おじ
wɔfa

兄弟
nua barima

姉妹
nuabaa

家族 - abusua

体
nipadua

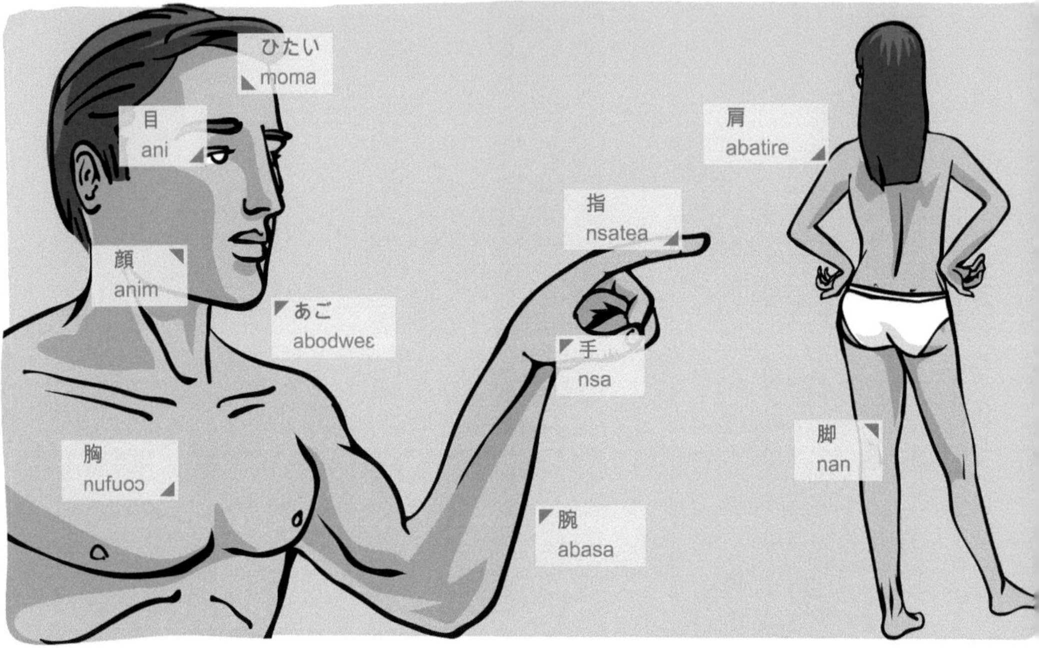

ひたい moma
目 ani
顔 anim
あご abodwɛ
胸 nufuoɔ
指 nsatea
手 nsa
腕 abasa
肩 abatire
脚 nan

赤ん坊
abɔfra

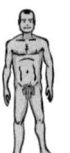

男性
barima

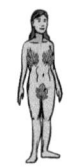

女性
ɔbaa

少女
abaayewa

少年
abarimaa

頭
ɛtire

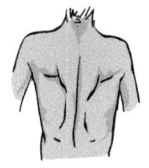

背中
akyi

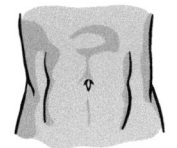

腹
yafunu

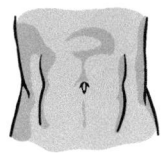

へそ
furuma

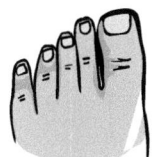

足指
nansoa

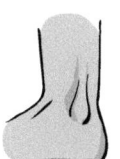

かかと
nantini

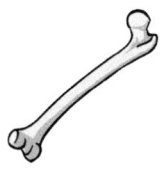

骨
dompe

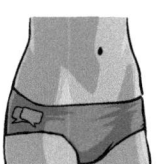

腰
sisi

ひざ
kotodwe

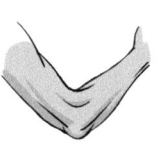

ひじ
abatwerɛ

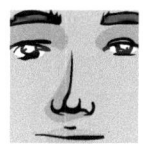

鼻
hwene

尻
cotɔ

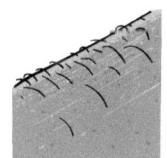

皮膚
wedeɛ

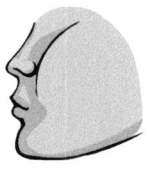

頬
afono

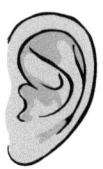

耳
aso

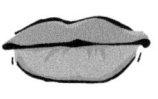

唇
ano

体 - nipadua

 口 ano	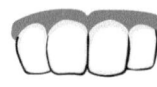 歯 ɛsɛ	 舌 tɛkyerɛma
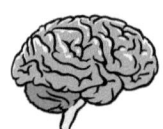 脳 adwene	 心臓 akoma	 筋肉 honam
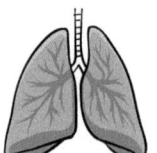 肺 ahrawa	 肝臓 brɛbɔɔ	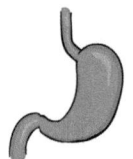 胃 afuro
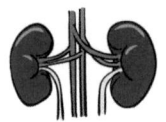 腎臓 sawa	 セックス barima ne ɔbaa nna mu nhyiamu	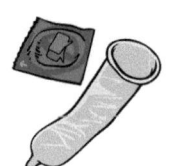 コンドーム kɔndɔm
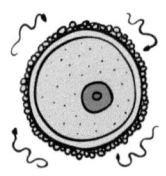 卵細胞 nkosua a ɛwɔ obaa mu	 精液 barima ho nsuo	 妊娠 nyinsɛn

体 - nipadua

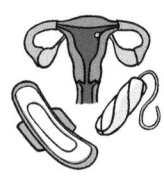

月経
brayɔ

膣
ɛtwɛ

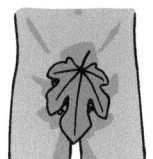

ペニス
kɔteɛ

眉
aniakyi nwii

髪
nwii

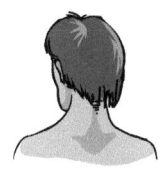

首
kɔn

病院
asopiti

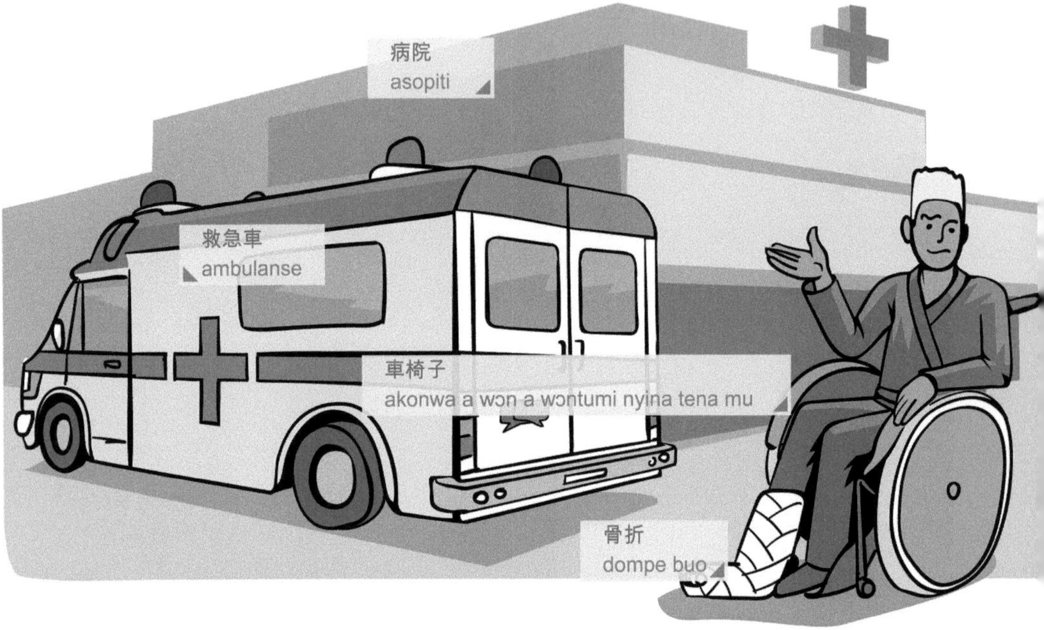

病院
asopiti

救急車
ambulanse

車椅子
akonwa a wɔn a wɔntumi nyina tena mu

骨折
dompe buo

医師
dɔkota

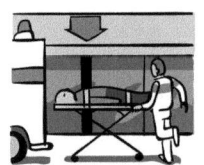

救急治療室
ɛdan a wɔde wɔn a nwn a wɔn
apira kɔ mu kɔhwɛ wɔn
ɔhare so

看護師
nɛɛsɛ

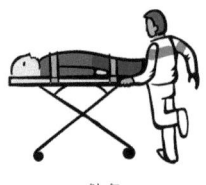

救急
putupru

失神
fenti

痛み
yaw

けが
pira

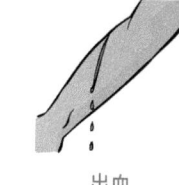
出血
mogyatuo

心臓発作
akoma yareɛ

脳卒中
nwodwoɔ yareɛ

アレルギー
adeɛ wo honam mpɛ

咳
ɛwa

熱
ahoɔhyeɛ

インフルエンザ
papu

下痢
ayɛmhwie

頭痛
tiripayɛ

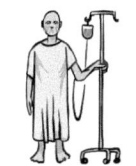
癌
kokoram

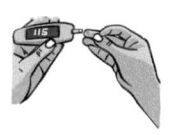
糖尿病
asikyire yareɛ

外科医
dɔkotani wɔpaepae obi sa no yareɛ

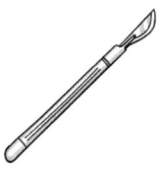
外科用メス
sekamma

手術
repaepae obi ho asa no yareɛ

病院 - asopiti

CT
CT

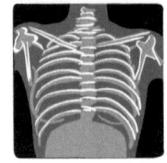

レントゲン
x-ray

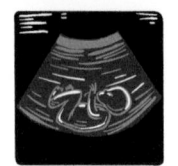

超音波
mfonin a wɔtwa de hwɛ awodeɛ mu

マスク
anim nkatadeɛ

病気
yareɛ

待合室
dan aa yɛtwɛn wɔ mu

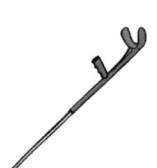

松葉づえ
klɔkye

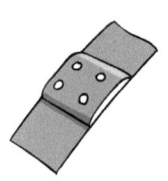

ばんそうこう
plasta

包帯
bandege

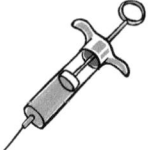

注射
paneɛ

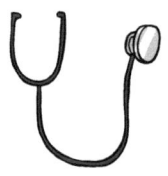

聴診器
afidie a wɔde tie dede wɔ nnipa ho

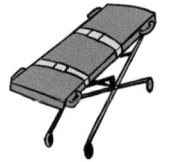

担架
mpa

体温計
afidie wɔde hwɛ ahoɔhyeɛ

出産
awoɔ

肥満
kɛseyɛ mmorosoɔ

病院 - asopiti

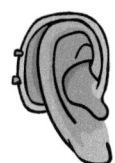
補聴器
afidie a ɛboa ma obi te asɛm yie

消毒剤
aduro a wɔde ko tia yaremmoa bateria

感染
yareɛ nsaeɛ

ウイルス
yaremmoawa

HIV / エイズ
HIV / AIDS

内服薬
aduro

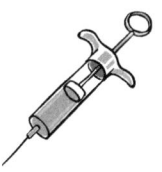
予防接種
nsianoaduru panɛɛwɔ

錠剤
nnuro a wɔmene

ピル
aduro a wɔmene

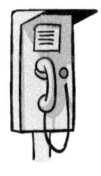
緊急電話
putupru frɛ

血圧計
afidie a wɔde hwɛ sɛdeɛ mogya di aforosane

病気の / 健康な
yareɛ / ahuɔden

病院 - asopiti

救急
putupru

アラーム
alam

暴行
repira obi

助けて！
Boa me!

攻撃
to hyɛ biribi so

危険
amaneɛ

非常口
kwan a wɔfa so pue berɛ asɛm asi putupuru

火事だ！
Egya!

消火器
adeɛ a wɔde dum gya

事故
akwanhyia

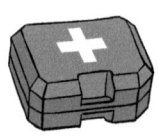
救急箱
mmoa a edikan akadeɛ

SOS
SOS

警察
polisi

地球
Ewiase

ヨーロッパ
Europe

北米
North America

南米
South America

アフリカ
Africa

アジア
Asia

オーストラリア
Australia

大西洋
Atlantic

太平洋
Pacific

インド洋
Indian Ocean

南極海
Antartic Ocean

北極海
Arctic Ocean

北極
North Pole

南極
South Pole

南極大陸
Atartica

地球
Ewiase

陸
asaase

海
ɛpo

島
ɛpoano

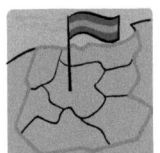
国家
ɔman

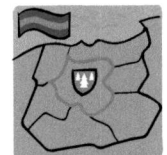
国家
ɔman

時計
mmerɛ kyerɛfoɔ

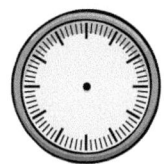

文字盤
mmerɛ kyerɛfoɔ no anim

短針
dɔnhwere nsa

長針
sima nsa

秒針
anitɛtɛ nsa

何時ですか？
Abɔ sɛn?

日
da

時間
mmerɛ

現在
seisei ara

デジタル時計
abɛɛfo mmerɛ kyerɛfoɔ

分
sima

時間
dɔnhwere

時計 - mmerɛ kyerɛfoɔ

週

nnawɔtwe

昨日	今日	明日
ɛnora	nnɛ	ɔkyena

朝	昼	夜
anɔpa	awia	anwummerɛ

営業日	週末
adwuma nna	nnawɔtwe awieɛ

年

afe

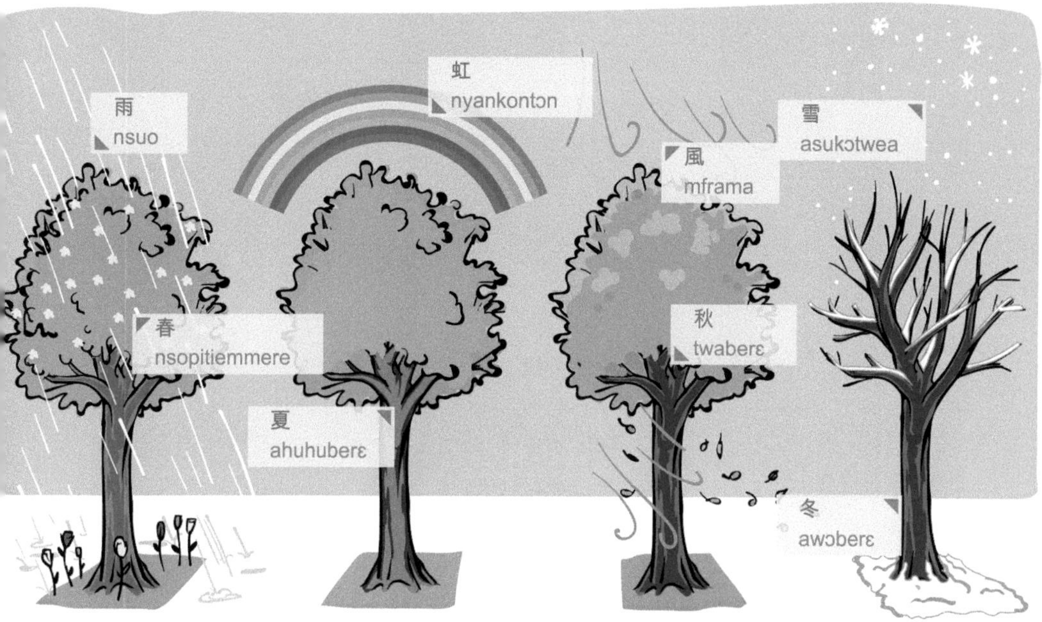

雨
nsuo
虹
nyankontɔn
雪
asukɔtwea
風
mframa
春
nsopitiemmere
秋
twaberɛ
夏
ahuhuberɛ
冬
awɔberɛ

4.APRIL 11°
5.APRIL 4°
6.APRIL 13°
7.APRIL 8°
8.APRIL 10°

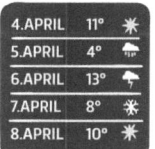

天気予報

ewiemu nsesaeɛ

F C
120 40
90 30
60 20
30 10
0 0
-30 -10
-20

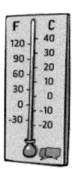

温度計

afidie a wɔde hwɛ ahoɔhyeɛ

日差し

awiabɔ

雲

munumkum

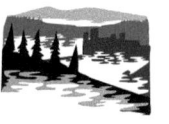

霧

ɛbɔ

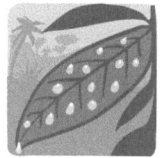

湿度

nsuo a ɛwɔ mframa mu

雷
ayerɛmo

雷
agradaa

嵐
nsuden ne mframa

ひょう
sukɔtwea

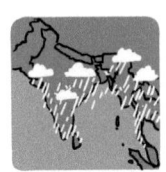
季節風
mframa a ɛde nsuo ba

洪水
nsuyiri

氷
asukɔtwea

1月
Ɔpɛpɔn

2月
Ɔgyefoɔ

3月
Ɔbɛnem

4月
Oforisuo

5月
Kotonimaa

6月
Ayɛwohumumɔ

7月
Kitawonsa

8月
Ɔsanaa

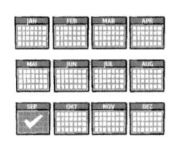

9月
ɛbɔ

10月
Ahinime

11月
Obubuo

12月
Ɔpɛnimaa

形
bɔbea

円
kanko

正方形
ahenanan

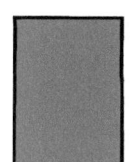

長方形
fasene

三角
ahinasa

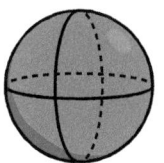

球
kanko

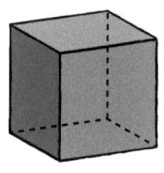

立方体
ahenanan

形 - bɔbea

色
ahosuo

白

fitaa

黄

akokɔsradeɛ

オレンジ

akokɔsradeɛ

ピンク

memen

赤

kɔkɔɔ

紫

beredum

青

bibire

緑

ahabanmono

茶

dodoeɛ

灰色

nson

黒

tuntum

反対
abirabɔ

多い / 少ない
bebree / ketewa

怒っている /
落ち着いている
abufuo / brɛo

美しい / 醜い
fɛfɛɛfɛ / tantantan

初め / 終わり
ahyɛasee / awieɛ

大きい / 小さい
kɛseɛ / ketewa

明るい / 暗い
ɛhyerɛ / ɛdum

兄弟 / 姉妹
nua barima / nuabaa

清潔な / 汚い
ɛho te / ɛfi

完全な / 不完全な
wawie / onwieeyɛ

日中 / 夜
anopa / anadwo

死んだ / 生きている
wawu / ɔtease

幅広い / 狭い
emu bue / emu mmuɛ

食べられる / 食べられない
yetumi di / yentumi nni

悪意のある / 親切な
bɔne / papa

興奮している / 退屈している
anigyeɛ / w'ani nka

太った / 痩せた
kɛsɛɛ / hwea

最初に / 最後に
di kan / ka akyi

友人 / 敵
adanfo / atanfo

いっぱいの / 空の
ayɛ ma / hwee nnimu

硬い / 柔らかい
dendenden / mrɛmrɛmrɛ

重い / 軽い
emu ye duru / emu yɛ ha

空腹 / 喉の渇き
ɛkɔm / nsukɔm

病気の / 健康な
yareɛ / ahuɔden

違法な / 合法な
ɛnfa mmrakwanso / mmrakwanso

賢い / 愚かな
nimdifo / gyimifo

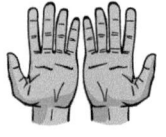
左に / 右に
benkum / nifa

近い / 遠い
ɛbɛn / ɛmu ware

反対 - abirabɔ

新しい / 中古の
foforo / dada

何もない / 何かある
ɛnyɛ hwee / biribi

老いた / 若い
panyin / abɔfra

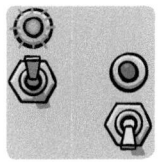

オン / オフ
sɔ / dum

開いている / 閉まっている
bue / yatom

静かな / うるさい
dinn / dede

裕福な / 貧乏な
sikani / ohiani

正しい / 間違っている
papa / bɔne

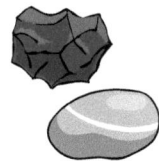

粗い / なめらか
wewerɛwewerɛ / tromtrom

悲しい / 幸せな
awerehoɔ / anigye

短い / 長い
tiatia / tentene

ゆっくり / 速い
brɛoo / ntɛm

濡れた / 乾いた
afɔ / awo

温かい / 冷たい
ɛyɛ hye / adwo

戦争 / 平和
ntɔkwa / asomdwoe

反対 - abirabɔ

数
nɔma

0
ゼロ
ohunu

1
1
baako

2
2
mmienu

3
3
mmiensa

4
4
nan

5
5
num

6
6
nsia

7
7
nson

8
8
nwɔtwe

9
9
nkron

10
10
du

11
11
du-baako

12
12
du-mmienu

13
13
du-mmiensa

14
14
du-nan

15
15
du-num

16
16
du-nsia

17
17
du-nson

18
18
du-nwɔtwe

19
19
du-nkron

20
20
aduonu

100
100
ɔha

1.000
1000
apem

1.000.000
100万
ɔpepe

言語
kasa ahodoɔ

英語
Brofo kasa

アメリカ英語
Amerika Brofo

中国標準語
Chinese Mandarin

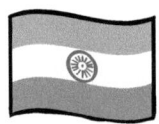
ヒンディー語
Hindi

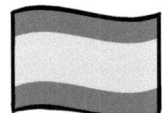
スペイン語
Spanish

フランス語
French

アラビア語
Arabic

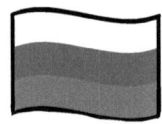
ロシア語
Russian

ポルトガル語
Portuguese

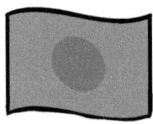
ベンガル語
Bengali

ドイツ語
German

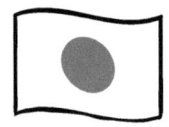
日本語
Japanese

誰 / 何 / どう
hwan/aden/ sɛn

私
me

あなた
wo

彼 / 彼女 / それ
ɔno

私たち
yɛn

あなたたち
wo

彼ら
wɔn

誰？
hwan?

何？
aden?

どうやって？
sɛn?

どこ？
ɛhefa?

いつ？
dabɛn?

名前
din

どこ
hefa

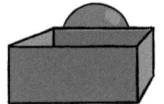

後ろ
n'akyi

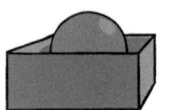

中
εmu

前
wɔ n'anim

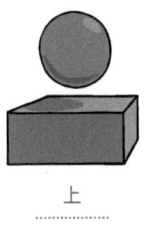

上
soro

上
so

下
aseɛ

横
nkyene

間
ntam

場所
fa hyɛ